NUESTRAS COMUNIDADES

ERES PARTE DE UNA COMUNIDAD VECINAL

THERESA EMMINIZER
Traducido por Cecilia González Godino

Gareth Stevens
PUBLISHING

Please visit our website, www.garethstevens.com. For a free color catalog of all our high-quality books, call toll free 1-800-542-2595 or fax 1-877-542-2596.

Library of Congress Cataloging-in-Publication Data
Names: Emminizer, Theresa, author.
Title: Eres Parte de una Comunidad Vecinal / Theresa Emminizer.
Description: New York : Gareth Stevens, [2020] | Series: Nuestras Comunidades | Includes index.
Identifiers: LCCN 2019017369| ISBN 9781538250303 (pbk.) | ISBN 9781538250327 (library bound) | ISBN 9781538250310 (6 pack)
Subjects: LCSH: Neighborhoods–Juvenile literature. | Community life–Juvenile literature. | Communities–Juvenile literature.
Classification: LCC HM761 .E463 2020 | DDC 307–dc23
LC record available at https://lccn.loc.gov/2019017369

Published in 2020 by
Gareth Stevens Publishing
111 East 14th Street, Suite 349
New York, NY 10003

Translator: Cecilia González Godino
Editor, Spanish: Alberto Jiménez
Designer: Sarah Liddell
Editor: Theresa Emminizer

Photo credits: cover, pp. 1, 7 Monkey Business Images/Shutterstock.com; background texture used throughout april70/Shutterstock.com; papercut texture used throughout Paladjai/Shutterstock.com; p. 5 JJFarq/Shutterstock.com; p. 9 John Roman Images/Shutterstock.com; p. 11 Tyler Olson/Shutterstock.com; p. 13 VGstockstudio/Shutterstock.com; pp. 15, 19 Rawpixel.com/Shutterstock.com; p. 17 Africa Studio/Shutterstock.com; p. 21 karelnoppe/Shutterstock.com.

Printed in the United States of America

CONTENIDO

Las palabras del glosario se muestran en **negrita** la primera vez que aparecen en el texto.

¿Qué es un vecindario?

Un vecindario es más que unos bloques de viviendas contiguos. ¡Es una comunidad! En un vecindario, las personas trabajan juntas para **lograr** unos **objetivos** comunes. Todos queremos que nuestro vecindario esté limpio y sea seguro y **productivo**.

APARTMENTS FOR RENT
866-NYC-DWEL
RESTAURANT
ONE WAY
ONE WAY
MACDOUGAL ST. ALE HOUSE
122
124
MESKEREM
ETHIOPIAN RESTA
MACDOUGAL STREET
ALE HOUSE
OPEN

Tu comunidad vecinal

¿Cómo es tu vecindario? Puede que vivas en una ciudad muy ajetreada, con miles de vecinos, o puede que vivas en una zona rural y que tu vecino más cercano esté a una milla de ti. Todos los vecindarios son un poco diferentes unos de otros.

¿Quién forma parte de tu comunidad?

Los trabajadores especiales, como los bomberos o los agentes de policía, son parte de la comunidad vecinal, igual que los **ciudadanos** comunes, como tus vecinos. Tanto los más jóvenes como los ancianos tienen un papel en la comunidad.

Los roles de la comunidad

Cada persona desempeña un rol o una labor en la comunidad. Los policías se ocupan de la seguridad y los **basureros** y los barrenderos de la limpieza. Los ciudadanos **comunes** cumplen también su papel; algunos trabajan en tiendas, escuelas o bibliotecas, haciendo el vecindario productivo.

¿Cuál es tu papel?

¡Hasta los niños desempeñan un papel importante! ¿Qué puedes hacer para mejorar tu comunidad vecinal? Piensa en las necesidades de tu vecindario y en la forma de colaborar para satisfacerlas. Pide consejo a tus familiares y reflexiona sobre lo que te digan.

Limpia tu vecindario

¡Empieza por tu casa! Mantén tu vivienda, tu jardín y tu calle limpios. Recoge la basura, rastrilla las hojas o quita la nieve de la acera. Tu vecindario será más agradable si las casas y las calles están limpias. También puedes recoger la basura de algún parque cercano a tu casa.

¡Ofrece tu ayuda!

Piensa en las personas de tu comunidad que necesitan ayuda. Tu familia puede ofrecerse **voluntaria** para servir comida en un comedor social, de beneficencia. También puedes reunir alimentos envasados, ropa que ya no uses, mantas y juguetes para donarlos (darlos) a los más desfavorecidos.

VOLUNTEER
VOLUNTEER
DONATIONS

Cuida la Tierra

Contribuye a la mejora de tu comunidad respetando y cuidando tu planeta. Los vecindarios precisan espacios verdes. Averigua si puedes plantar un árbol en un parque o construir un jardín comunal. También puedes colocar un comedero de pájaros o plantar flores en tu jardín.

Cómo ser buen vecino

¿Qué significa ser un buen miembro de tu comunidad vecinal? Significa involucrarse. Significa trabajar para que sea un lugar mejor. Tus acciones marcan la diferencia. ¡Puedes empezar hoy mismo y de muchas formas diferentes!

GLOSARIO

basurero: trabajador que se ocupa de la recogida de residuos.

ciudadano: alguien que vive en un país legalmente y tiene ciertos derechos.

común: normal, corriente.

lograr: conseguir con esfuerzo.

objetivo: meta importante que alguien desea lograr.

productivo: que genera buenos resultados gracias al trabajo bien hecho.

voluntario: persona que trabaja sin recibir compensación económica (dinero).

PARA MÁS INFORMACIÓN

LIBROS

Andres, Marco. *Community Service and Volunteering.* New York, NY: PowerKids Press, 2018.

Nagle, Jeanne. *What Is a Community?* New York, NY: Britannica, 2018.

SITIOS DE INTERNET

Kid World Citizen

kidworldcitizen.org/35-service-projects-for-kids/
Descubre más proyectos divertidos para ayudar a tu comunidad.

Start a Snowball

startasnowball.com/kids-service-project-ideas-2/
Lluvia de ideas sobre nuevas formas de colaborar con tu vecindario.

Nota del editor a los educadores y padres: nuestro personal especializado ha revisado cuidadosamente estos sitios web para asegurarse de que son apropiados para los estudiantes. Sin embargo, muchos de ellos cambian con frecuencia, por lo que no podemos garantizar que contenidos que se suban a esas páginas posteriormente cumplan con nuestros estándares de calidad y valor educativo. Les recomendamos que hagan un seguimiento a los estudiantes cuando accedan a Internet.

ÍNDICE